Inhalt

Kreditversicherungen - wem nützen sie tatsächlich?

Kernthesen

Beitrag

Fallbeispiele

Weiterführende Literatur

Impressum

Kreditversicherungen - wem nützen sie tatsächlich?

G. Dengl

Kernthesen

- Kreditversicherungen sind verhältnismäßig teuer und decken darüber hinaus nicht alle wesentlichen Auslöser für eine Zahlungsunfähigkeit ab. Verbraucherschützer raten seit langem vom Abschluss unnötiger Versicherungen ab.
- Für die Banken haben die Versicherungen ausschließlich Vorteile: Sie erhalten eine hohe Provision und sichern damit letzten Endes auch ihr eigenes Kreditrisiko ab. Es besteht deshalb ein starkes Interesse der Banken am Abschluss einer Versicherung.

- Immer wieder entsteht deshalb in der Öffentlichkeit der Eindruck, dass Kunden zum Abschluss einer Versicherung gedrängt werden, und dass gleichzeitig die sich dadurch ergebenden tatsächlichen Kosten eines Kredites verschleiert werden.

Beitrag

Kreditversicherungen sind bei Banken beliebt und bei Verbraucherschützern verpönt. Schlimm wird es erst, wenn die Kunden zum Abschluss offensichtlich unnötigen Versicherungen gedrängt werden, und über die finanziellen Folgen im Unklaren gelassen werden.

Bei der Kreditvergabe an Privatpersonen ist es seit langem Brauch, den Kunden zum eigentlichen Kredit noch eine Kreditversicherung anzubieten. Andere Bezeichnungen sind Kreditausfallversicherung, Restschuldversicherung, Restkreditversicherung oder Restratenversicherung. Diese Versicherungen springen ein, wenn der Kunde unverschuldet in Zahlungsunfähigkeit gerät, und zwar aus einem der folgenden drei Gründe: Arbeitslosigkeit,

Arbeitsunfähigkeit (zum Beispiel auf Grund eines schweren Unfalls oder einer chronischen Erkrankung) oder Tod. Falls einer dieser Gründe zutrifft, begleicht die Versicherung die noch ausstehende Kreditschuld, und der Kreditnehmer ist damit nicht weiter belastet; bei vorübergehender Arbeitslosigkeit werden die Raten nur solange übernommen, bis der Kreditnehmer wieder arbeitet. Der Nutzen einer derartigen Versicherung beschränkt sich also darauf, im Schadensfall nicht auch noch die finanzielle Last eines Kredites tragen zu müssen.

Weder Scheidung noch vollständige Absicherung möglich

Ein erster wesentlicher Kritikpunkt im Hinblick auf das Versicherungspaket ist, dass eine Scheidung nicht als versicherbares Risiko angeboten wird. Es ist jedoch allgemeines Branchenwissen, dass gerade dies einer der Hauptgründe ist, weswegen es zu Zahlungsstörungen kommt. Eine offizielle Stellungnahme, weshalb dieses Risiko nicht versicherbar ist, gibt es nicht. Auch eine vollständige Absicherung des Zahlungsausfalls, und zwar unabhängig von einem bestimmten Grund, wird nicht angeboten. Gerade so eine Versicherung wäre aber für Kreditkunden sehr interessant. Das Problem: wahrscheinlich wäre eine so umfassende Versicherung so teuer, dass es dem Bankberater kaum gelingen dürfte, einen Kunden von ihrem Nutzen zu überzeugen.

Absicherung gegen Arbeitslosigkeit und -unfähigkeit erscheint wenig sinnvoll

Verbraucherschützer beklagen seit langem, dass Kreditversicherungen in den meisten Fällen unnötig sind, insbesondere im Verhältnis zu ihren Kosten. Unnötig seien sie vor allem deshalb, weil sich ein Kreditnehmer zwar vor den berechtigen Forderungen seiner Bank schützen kann, die Bank diese Forderungen aber im Zweifelsfall ohnehin nicht durchsetzen könnte. Aus Sicht der Bank ist die Beitreibung des ausstehenden Kreditbetrages mit hohen Kosten verbunden. Sie wird sehr genau abwägen, welche Erfolgsaussichten ihre Bemühungen bei bestimmten Kunden haben. Abhängig vom ausstehenden Betrag und den Erfolgsaussichten wird die Beitreibungsstrategie festgelegt. Oft erledigen darauf spezialisierte Inkassounternehmen diesen Job für Banken. Das finstere Image von Inkassobüros, die sich am Rande der Legalität bewegen, und noch den letzten Euro aus ihren Kunden herausprügeln gehört dabei schon längst der Vergangenheit an. Moderne Beitreibungsstrategien zielen immer darauf, gemeinsam mit dem Kunden eine tragfähige Lösung zu finden. Das Thema Arbeitslosigkeit ist vielen Fällen ein vorübergehendes, und genau da setzen Fortführungskonzepte an: die monatliche Rate wird zurückgefahren bzw. die Zahlungen eine Zeit lang ausgesetzt, bis finanziell alles wieder in geordneten Bahnen verläuft, und im Gegenzug die Gesamtlaufzeit gestreckt. So kann beiden Parteien geholfen werden. Auch ohne Versicherung. (2)

Absicherung für den Todesfall

Die Absicherung im Todesfall ist indes noch fragwürdiger. Wenn nach dem Ableben des Kreditnehmers noch Schulden existieren, so können diese aus dem Erbe vollstreckt werden. Die Hinterbliebenen können also vorher abwägen, ob sie das Erbe mit Schulden antreten oder es insgesamt ausschlagen. Im Konsumentenkreditgeschäft (bis etwa 50 000 Euro Kreditsumme) werden die Hinterbliebenen kaum einen Grund sehen, eine

Erbschaft anzutreten, die Schulden beinhaltet. Etwas anders liegt die Sache bei einer Baufinanzierung. Ist eine Immobilie zum Zeitpunkt des Todes noch nicht abbezahlt, so hat die Bank das Recht, die Immobilie zu veräußern. Wohnt darin noch die Familie des Verstorbenen, so kann sie sich nicht wehren. Aus diesem Grund ist die Versicherung der Finanzierung einer selbstgenutzten Immobilie der einzig denkbare Fall, in dem eine Versicherung Sinn macht. Es ist jedoch in diesem Fall unter Umständen sinnvoller, dass hierfür eine Lebensversicherung mindestens in Höhe der Kreditsumme abgeschlossen wird, da die Hinterbliebenen ja nicht nur ein Dach über dem Kopf benötigen, sondern gegebenenfalls ein weiteres finanzielles Polster. (1), (3)

Kosten oft intransparent

Banken sind nach der Preisangabenverordnung (PangV) verpflichtet, den Preis eines Kredi025 als Effektivzins auszuweisen, damit die Angebote verschiedener Anbieter miteinander verglichen werden können. Der Effektivzins errechnet sich über eine vorgeschriebene Formel und berücksichtigt neben dem Nominalzins insbesondere alle möglichen Gebührenbestandteile, zum Beispiel eine

Bearbeitungsgebühr. Ein Kunde soll so in die Lage versetzt werden, Kreditangebote und Preise verschiedener Banken einfach miteinander vergleichen zu können. Zu einer Finanzierung noch eine Kreditversicherung mit abzuschließen, ist sehr lukrativ, denn die Versicherungen sind im Vergleich zu ihrem Nutzen extrem teuer. Am liebsten würden Banken die Kreditvergabe vom Abschluss so einer Versicherung abhängig machen. Das dürfen sie zwar, aber dann müsste der wahre Preis eines Kredites, also der Effektivzins, die Kosten der Versicherung beinhalten. So können sich gerade bei kurzen Laufzeiten schnell 30 Prozent Effektivzins ergeben, was nahe am Wucher ist - und außerdem überhaupt nicht werbewirksam. (2)

Fallbeispiele

Citibank in der Kritik

Besonders in der Kritik, wenn es um Restschuldversicherungen geht, ist klassischerweise der Marktführer Citibank. Sie steht ständig im Verdacht, Kunden zum Abschluss zu drängen, und zwar in etwa mit folgender Vorgehensweise: der Kredit wird von Anfang an mit Versicherung angeboten, aber die Kosten dafür werden separat ausgewiesen, zum Beispiel "Neun Prozent Effektivzins, zzgl. Versicherung". Auf diese Weise umgeht man die Einrechnung in den Effektivzins. Der Kunde hat dann zwar die Möglichkeit darauf zu bestehen, dass er den Kredit ohne Versicherung möchte - aber das muss er erst einmal tun! Außerdem gibt der Kundenberater auch nicht sofort nach, sondern versucht den Kunden gebetsmühlenhaft von den Vorteilen der Versicherung zu überzeugen. Diese Ermüdungstaktik ist juristisch einwandfrei, da der Kunde nicht im eigentlichen Sinne gezwungen wird, die Versicherung mit abzuschließen. Dennoch wird dieses Geschäftsgebaren von Verbraucherschützern als Irreführung und Verschleierung angeprangert. (2)

FinanzTest vergleicht Kosten und Nutzen von Restschuldversicherungen

Da bei einer Baufinanzierung eine Restschuldversicherung sinnvoll sein kann, überprüft die Zeitschrift FinanzTest in einer aktuellen Studie die Preise und Leistungen von Anbietern von

Restschuldversicherungen und weist auf die Stolperfallen hin. (4)

Weiterführende Literatur

(1) Risiko-Lebensversicherung ist als Basisschutz unabdingbar Drei Grundformen - Klassische Risiko-Leben ist am meisten verbreitet und bietet die meisten Vorteile - Neben Ernährer auch Haushaltsorganisator absichern
aus Börsen-Zeitung, 25.04.2008, Nummer 80, Seite 2

(2) In den Keller
aus WirtschaftsWoche NR. 014 VOM 31.03.2008 SEITE 101

(3) Immobilienerwerber sollten ihre Schulden möglichst rasch abtragen
aus Frankfurter Allgemeine Zeitung, 01.03.2008, Nr. 52, S. 22

(4) O.V., Immobilienkredite / Absicherung für den Ernstfall, Spiegel Online, 05.03.2008
aus Frankfurter Allgemeine Zeitung, 01.03.2008, Nr. 52, S. 22

(5) Strengere Regeln für Kredite
aus Frankfurter Allgemeine Zeitung, 11.04.2008, Nr. 85, S. 23

(6) Effektive Credit Risk Mitigation durch

Versicherungen - ein neuer Bancassurance-Ansatz aus Zeitschrift für das gesamte Kreditwesen 04 vom 15.02.2008 Seite 165

Impressum

Kreditversicherungen - wem nützen sie tatsächlich?

Bibliografische Information der deutschen Nationalbibliothek

Die Deutsche Nationalbibliothek verzeichnet diese Publikation in der deutschen Nationalbibliografie; detaillierte bibliografische Daten sind im Internet über http://dnb.d-nb.de abrufbar.

ISBN: 978-3-7379-0475-9

© 2015 GBI-Genios Deutsche Wirtschaftsdatenbank GmbH, Freischützstraße 96, 81927 München, www.genios.de

Alle Rechte vorbehalten. Dieses Werk ist einschließlich aller seiner Teile – z.B. Texte, Tabellen und Grafiken - urheberrechtlich geschützt. Jede Verwertung außerhalb der Grenzen des Urheberrechtsgesetzes bedarf der vorherigen Zustimmung des Verlags. Dies gilt insbesondere auch für auszugsweise Nachdrucke, fotomechanische Vervielfältigungen (Fotokopie/Mikroskopie), Übersetzungen, Auswertungen durch Datenbanken oder ähnliche Einrichtungen und die Einspeicherung und Verarbeitung in elektronischen Systemen.